Gatos tricolor

Meredith Dash

www.abdopublishing.com

Published by Abdo Kids, a division of ABDO, P.O. Box 398166, Minneapolis, Minnesota 55439.

Printed in the United States of America, North Mankato, Minnesota.

072014

092014

 THIS BOOK CONTAINS RECYCLED MATERIALS

Spanish Translators: Maria Reyes-Wrede, Maria Puchol

Photo Credits: Pixabay, Shutterstock, Thinkstock

Production Contributors: Teddy Borth, Jennie Forsberg, Grace Hansen

Design Contributors: Candice Keimig, Laura Rask, Dorothy Toth

Library of Congress Control Number: 2014938822

Cataloging-in-Publication Data

Dash, Meredith.

Gatos tricolor / Meredith Dash.

 p. cm. -- (Gatos)

ISBN 978-1-62970-302-2 (lib. bdg.)

Includes bibliographical references and index.

1. Calico cats--Juvenile literature. 2. Spanish language materials—Juvenile literature.   I. Title.

636.8--dc23

2014938822

Contenido

Gatos tricolor

Los gatos tricolor no son
una **raza**. Se llaman así por
la combinación de colores.

Los gatos tricolor son
de tres colores. Blanco,
negro y naranja.

Tienen **parches** de los tres colores. El blanco es el color más **visible**.

9

Los gatos de cualquier raza pueden ser tricolor. Un gato persa puede ser tricolor.

Un gato Fold escocés puede ser tricolor. Un gato Maine Coon también puede ser tricolor.

13

Es **raro** encontrar un macho tricolor. Los gatos tricolor son casi siempre hembras.

Personalidad

Todos los gatos tricolor son diferentes. Su **personalidad** depende de su **raza**.

Cuidados

Como a todos los gatos,
hay que cepillarlos todas
las semanas. Es bueno
para su pelo.

19

Gatos de la suerte

Se cree que los gatos tricolor traen buena suerte. Casi todos se sienten afortunados de tener un gato tan bonito.

Más datos

- En inglés se lo llama "gato calico". La tela calico proviene de la ciudad de Calicut en la India. La tela tiene **parches** de diferentes colores. De ahí viene el nombre en inglés de este gato.

- Es **raro** encontrar un gato tricolor macho, generalmente no es un gato sano.

- El gato tricolor es el gato oficial del estado de Maryland. Los gatos tricolor tienen los mismos colores que el pájaro y el insecto oficial de Maryland (el oriol de Baltimore y la mariposa checkerspot).

Glosario

parche – pequeña cantidad de pelo que es de diferente color.

personalidad – cómo actúa una persona.

raro – no es muy común.

raza – grupo de animales con las mismas características.

visible – que se ve fácilmente.

Índice

abdokids.com

¡Usa este código para entrar a abdokids.com y tener acceso a juegos, arte, videos y mucho más!

Código Abdo Kids:
CCK0083